Jean-Luc Goli

L'indépendance financière pour tous

Jean-Luc Goli

L'indépendance financière pour tous

Éditions Vie

Imprint
Any brand names and product names mentioned in this book are subject to trademark, brand or patent protection and are trademarks or registered trademarks of their respective holders. The use of brand names, product names, common names, trade names, product descriptions etc. even without a particular marking in this work is in no way to be construed to mean that such names may be regarded as unrestricted in respect of trademark and brand protection legislation and could thus be used by anyone.

Cover image: www.ingimage.com

Publisher:
Éditions Vie
is a trademark of
International Book Market Service Ltd., member of OmniScriptum Publishing Group
17 Meldrum Street, Beau Bassin 71504, Mauritius
Printed at: see last page
ISBN: 978-613-9-59006-3

Plan du livre

Introduction: Tout le monde peut y arriver

A 20 ans si quelqu'un m'avait dit ce que serait ma vie aujourd'hui je l'aurais pris pour un fou.

A cette époque j'étais un étudiant fauché qui enchainait les petits boulots pour payer ses études.

J'ai tout fait: plongeur, serveur, vendeur, manutentionnaire, aide plombier…

Comme je n'avais pas fait d'études brillantes j'avais échoué à l'université et l'avenir s'annonçait incertain.

(la veille de mon premier jour à l'université j'ai vu une émission à la télé dans laquelle ils montraient des titulaires de doctorats qui avaient monté une association de chômeurs - LOL)

J'ai grandi dans une banlieue difficile et je n'avais ni réseau, ni confiance en moi.

Aujourd'hui j'habite au soleil à Lisbonne, au Portugal.

Je suis marié à une femme ravissante et on a une petite fille adorable.

J'ai une entreprise sur Internet qui réalise plus de 1 million d'euros de ventes par an

(on devrait faire entre 1,5 millions et 2 millions cette année)

Le plus dingue ? Je n'ai pas besoin de passer mes journées entières au bureau pour surveiller des dizaines d'employés.

Dans ma société tout le monde travaille de chez soi, aux horaires qui les arrangent.

(j'ai 9 personnes dans 5 pays différents qui travaillent avec moi)

Au niveau personnel j'ai réalisé plusieurs investissements dans l'immobilier qui valent aujourd'hui environ 700 000€ (pour 200 000€ de crédits)

Ces investissements nous rapportent près de 3000€ nets par mois.

Il y a plus de 200 000€ sur le compte de ma société.

Après avoir pris du poids il y a quelques années j'ai retrouvé mon poids de forme.

(il faut dire que je travaille surtout le matin et les après midis je vais à la salle de sport)

En général je suis de retour à la maison avant 17h et je peux passer du temps avec ma famille.

Moi qui ne parlais pas un mot d'anglais en sortant de la fac aujourd'hui je parle couramment 4 langues.

Alors comment j'ai fait pour passer de étudiant fauché à

entrepreneur à succès ?

J'ai pris des risques bien sûr. Mais surtout je pense que j'ai été curieux et je ne me suis jamais empêché de rêver.

J'ai l'impression que la plupart des gens ne s'autorisent pas à rêver d'une vie meilleure.

Il y a une citation de Ford qui dit « Que vous pensiez que ce soit possible ou non, en général vous avez toujours raison ».

Donc je pense qu'il ne faut pas se fermer des portes mais au contraire être ouvert et chercher des opportunités.

Et puis bien sûr j'ai travaillé. Pas de manière acharnée, mais un peu tous les jours.

Si vous modifiez votre trajectoire d'une fraction de degré tous les jours, en quelques mois ou quelques années
vous pouvez avoir changé radicalement de direction.

Je suis convaincu qu'avec les bonnes stratégies tout le monde peut arriver à avoir des résultats extraordinaires.

Dans tous les domaines il y a des stratégies qui fonctionnent.

Mon but avec ce livre c'est de vous transmettre tout ce que j'ai appris pendant ces années.

Ce qui m'a permis de passer d'un étudiant fauché et timide à un entrepreneur qui fait plus d'un million par an.

Pour vous permettre à vous aussi de croire en vos rêves.

Parce que si j'y suis arrivé, vous pouvez y arriver aussi.

Voici comment:

Première partie: Comment devenir chanceux

1. Comment devenir chanceux

Un jour quand j'étais adolescent je jouais au basket sur un terrain de rue.

J'ai mis un panier à 3 points, et un des joueurs adverses a dit « tu as eu de la chance ».

Je me souviens avoir pensé: *« De la chance ? Mais dans ce cas pourquoi je m'entraine alors, si la réussite dépend de la chance ? »*.

Bien sûr il y a une part de chance dans tout ce qu'on fait.

Mais le meilleur moyen de forcer la chance c'est de s'entrainer et de travailler.

J'ai monté mon premier business en Australie quand j'avais 28 ans.

A mon retour en France le père d'un ami, un entrepreneur qui est parti de zéro, m'a dit un jour: *« tu sais ton business en Australie là, je pense que tu as eu de la chance »*.

J'avoue que ça a heurté mon égo, et je me suis demandé si mon succès en Australie avait été dû à la chance.

A peu près à cette époque j'ai lancé un business sur Internet qui a décollé rapidement.

Quelques années plus tard j'ai revu le père de mon ami lors de son mariage.

Je lui ai dit *« Georges, tu te souviens il y a quelques années, tu m'as dit que j'avais eu de la chance avec mon business en Australie »*.

Il a souri chaleureusement et il m'a répondu *« oui, en fait je crois plutôt que tu es un bon »*.

J'ai sans doute eu de la chance. Peut-être que je suis pas complètement mauvais.

Mais surtout je pense avoir utilisé des techniques et des stratégies qui fonctionnent.

Je vous donne un exemple: dans ma vie j'ai créé 4 business et tous ont réussi.

Pourquoi ? Car j'utilise une règle simple que je vous donnerai dans la deuxième partie de ce livre.

La presse adore faire ses gros titres avec ce genre d'évènement: « le nouveau prodige de la natation », « tel entrepreneur a introduit son entreprise en bourse ».

Mais ce dont on parle jamais ce sont toutes les années de travail derrière.

Pour monter sur la plus haute marche du podium, le nouveau prodige de la natation a dû s'entrainer presque 7 jours sur 7 pendant 15 ou 20 ans.

15 ou 20 ans !!

Tout le monde veut réussir, mais peu de personnes sont prêtes à faire les efforts nécessaires.

Pourtant elles ont bien tort, et voici pourquoi:

Le secret c'est qu'il n'y a pas besoin de se tuer à la tâche.

Il suffit juste d'en faire un peu tous les jours.

C'est ce que j'explique dans ma méthode qui m'a permis d'apprendre 3 langues étrangères
et que vous allez découvrir dans la première partie de ce livre.

En changeant un peu de trajectoire chaque jour ou presque, en quelques mois ou quelques années vous pouvez avoir donné à votre vie une direction totalement différente.

La majeure partie de la population considère que l'éducation s'arrête au moment où on sort de l'école, alors qu'en fait l'école est mal équipée pour vous préparer à la réalité de la vie professionnelle

(combien de personnes parlent anglais en sortant de l'école ? Moi je ne parlais pas un mot…)

Il y a plein de livres sur le développement personnel et le business qui peuvent vous faire progresser (à la fin de ce livre je vous donne ma liste de livres favoris).

En lisant quelques pages par jour au fil du temps vous allez en savoir bien plus que le reste de la population.

Et vous savez quoi ? Le plus beau c'est que vous n'avez pas besoin de tout lire.

Grâce à la règle du 20/80 on sait qu'en faisant 20% du travail on peut obtenir 80% des résultats.

Donc en lisant seulement 20% des livres business, vous pouvez en savoir plus que 80% de la population.

Et il y a encore mieux. Vous pouvez trouver et étudier des personnes qui ont réussi là où vous voulez réussir.

En 2006 j'ai rencontré une amie américaine sur Paris qui travaillait comme styliste.

Un jour, à ma grande surprise, elle m'a parlé de sa « vie d'avant » où elle avait un travail classique dans un bureau.

Je lui ai dit « mais Christina, je comprends pas, comment tu as fait pour devenir styliste ? »

Elle m'a raconté qu'au départ avait un travail classique dans un bureau (comprenez: « chiant ») et qu'elle rêvait de devenir styliste.

Un jour elle a envoyé un email à la styliste de la série « Sex and the city » pour lui demander des conseils.

A sa grande surprise elle a répondu à mon amie pour lui proposer un entretien. Pendant 1h elle lui a dit tout ce qu'elle savait de ce métier.

Grâce à une amie Christina a pu décrocher un premier job pour le tournage d'une publicité.

Puis elle a décroché un deuxième job, et un troisième.

Et en quelques mois sa carrière était lancée.

Et encore ça c'était avant les réseaux sociaux…

Aujourd'hui grâce à Youtube et Instagram il est très facile de suivre des personnes qui ont réussi là où vous voulez réussir.

Donc vous voyez, c'est facile de parler de chance, mais quand on creuse un peu on trouve souvent des explications plus concrètes sur la réussite de tel ou tel:

- le travail
- la persistance
- l'étude de ceux qui ont réussi

Comme disait Thomas Jefferson: « Je crois beaucoup en la chance, et plus je travaille plus j'ai de la chance ».

Donc laissez la chance aux feignants car la réussite c'est tout sauf une affaire de chance ;-)

2. Comment se faire des amis

Au début de ma carrière professionnelle j'ai commencé à m'intéresser au développement personnel.

Le premier livre que j'ai lu c'est « Comment se faire des amis » de Dale Carnegie.

Le titre peut prêt à sourire mais c'est un classique du développement personnel. Il est court et facile à lire.

Il donne tout un tas de conseils et de techniques pour se faire apprécier des gens.

Je ne comprends pas pourquoi le contenu de ce livre n'est pas enseigné au collège tant les conseils qu'il contient
sont à la fois plein de bons sens et essentiels.

Par exemple dans mon premier travail je rencontrais des difficultés avec un collègue responsable du réseau.

Au départ on s'entendait bien mais il m'avait pris en grippe et il me freinait dans mon travail en m'empêchant d'accéder à certaines ressources du réseau.

J'ai utilisé quelques techniques apprises dans le livre pour débloquer ce conflit.

Par exemple un jour je passais près de son bureau, je me suis arrêté et je lui ai demandé sur quoi il travaillait.

J'ai pris le temps de l'écouter et j'ai vu que ça lui faisait plaisir de me parler de son travail.

En quelques semaines son comportement a totalement changé.

J'ai pu mettre la main sur des ressources au niveau réseau ce qui m'a permis d'apprendre plein de nouvelles choses
et de pouvoir avancer plus vite dans mon travail.

Cette expérience a été une révélation: je me suis dit « si j'ai peu obtenir de tels résultats en lisant un simple livre,
qu'est-ce que ça peut donner si je continue ? »

Un autre conseil de « Comment se faire des amis »: écoutez les gens.

Tout le monde aime parler de soi, mais peu de personnes prennent le temps d'écouter les autres.

En suivant ce conseil simple vous pouvez apporter de la valeur et vous rendre agréable auprès de n'importe qui.

Et il n'y a rien à faire ! RIEN !

Juste à écouter votre interlocuteur avec attention.

Vous voyez comment on peut créer de la valeur à partir de rien du tout ?

« Plus je travaille plus j'ai de la chance… »

Vous voyez comment tous ces conseils mis bout à bout peuvent faire une différence énorme avec les autres ?

Le deuxième livre que j'ai lu c'est « Influence et Manipulation » de Robert Cialdini.

J'ai été fasciné par les techniques qu'il contient.

Pourtant au fond rien d'extraordinaire dans ce livre, juste des techniques subtils pour influencer les autres.

Mais c'est ce qui peut faire la différence entre un oui et un non.

Entre un succès et un échec.

Les enseignements tirés de ces livres m'ont toujours accompagné par la suite.

Quand j'ai lancé mon business sur Internet j'ai cherché à rencontrer tous les gens qui avaient réussi dans ce domaine.

Je les invitais au restaurant et j'essayais d'établir une relation de confiance ou d'amitié avec eux.

Ca a marché puisque l'année suivante j'avais une armée d'affiliés pour mon premier lancement et on a fait 550 000 euros de ventes en 2 semaines.

Je pense que la lecture de ces livres est indispensable pour n'importe quelle personne qui veut réussir sa carrière professionnelle,
que ce soit en tant que salarié ou en tant qu'entrepreneur.

Pour aller plus loin je recommande également la lecture des « 48 lois du pouvoir » de Robert Greene.

La lecture est un peu longue donc vous pouvez vous contenter de lire les résumés de chaque chapitre, c'est amplement suffisant.

Là vous vous dites peut-être *« j'ai même pas fini son livre qu'il m'en donne déjà 3 autres à lire, je vais jamais m'en sortir… »*

Surtout ne vous mettez pas la pression, commencez par lire « Comment se faire des amis », ça se lit en quelques heures donc aucune excuse.

Le fait de l'avoir lu vous permettra d'en savoir plus dans ce domaine que 80% ou 90% de la population.

Vous aurez tout le temps de lire les autres livres, il n'y a pas d'urgence.

Souvenez-vous: il suffit juste d'en faire un peu tous les jours…

Si ça vous dirait de parler une, deux voire même 3 langues étrangères alors lisez le chapitre suivant
dans lequel je vous donne la méthode simple qui m'a permis d'apprendre 3 langues.

3. Comment apprendre n'importe quelle langue en 5 minutes par jour

J'ai fait Allemand première langue au collège.

(une idée de ma mère…)

Je DETESTAIS ça.

(pas vraiment la langue la plus sexy, enfin bon après chacun ses goûts…)

2 ans plus tard quand j'ai commencé les cours d'anglais c'était clair pour moi que je **détestais** les langues étrangères.

Quand est arrivé le baccalauréat j'ai convaincu ma mère de ne pas aller à l'épreuve:

c'était une option (seuls les points au-dessus de 10 comptaient) et j'étais sûr de ne pas avoir la moyenne donc il fallait mieux que je reste dans mon lit

LOL !

Du coup j'ai eu 0 au bac en anglais…

A la fac on m'a mis dans le groupe des nuls et c'est comme ça que je suis sorti de l'école avec un niveau d'anglais proche du néant

Quand j'ai commencé à travailler j'ai pris la décision d'apprendre l'anglais pour me donner plus de chances au niveau professionnel.

J'avais remarqué que les gens qui avaient beaucoup de succès au niveau professionnel (entrepreneurs, cadres supérieures) parlaient anglais pour la plupart.

Pour apprendre l'anglais je me suis dit qu'il n'y avait pas d'urgence et que j'allais essayer d'en faire un petit peu tous les jours.

J'avais un livre de grammaire que m'avait donné un ami et j'essayais de faire une leçon par jour.

Il suffisait juste de lire la leçon et de faire les exercices dans ma tête. Ca prenait 10 minutes tout au plus.

A côté de ça j'ai commencé à chercher sur Internet les paroles des chansons que j'écoutais.

Je regardais des films et des séries en V.O. sous-titrés.

A cette époque je sortais beaucoup et j'ai commencé à rencontrer des américains qui vivaient à Paris.

C'est amusant car au bout d'un moment j'étais celui qu'on appelait au boulot quand il y avait un client étranger au bout du fil.

Non seulement j'étais content de mes progrès mais en plus je prenais du plaisir dans ce que je faisais: j'avais l'impression de découvrir une culture,
je me régalais avec les films et les séries.

Et ça ne me prenait que quelques minutes par jour. Evidemment

c'était pas tous les jours, parfois j'avais pas le temps, mais j'essayais d'être régulier
et de persister.

D'ailleurs le fait de bien parler anglais m'a donné beaucoup de confiance pour négocier mon nouveau travail de commercial.

A mon retour d'Australie un recruteur m'a fait le coup de passer subitement à l'anglais, devant ma réponse avec un accent bien meilleur que le sien
c'est lui qui est apparu décontenancé et il est tout de suite revenue au français…

En 2006 je suis parti au Mexique avec des amis et ce voyage a été pour moi une révélation:

moi qui n'étais pas du tout attiré par la culture latine je suis tombé amoureux des gens, des paysages, de la musique.

A mon retour en France j'ai commencé à apprendre l'espagnol avec toujours la même méthode que pour l'anglais:

en faire quelques minutes par jour, m'intéresser à la culture, trouver des moyens de rendre ça agréable.

De fil en aiguille c'est ce qui m'a amené en Colombie en 2010 où j'ai rencontré ma femme.

Et suite à notre installation au Portugal en 2015 j'ai appris le portugais avec encore une fois la même méthode.

Pour résumer ma méthode pour apprendre une langue étrangère:

- faites-en un peu tous les jours, pas la peine d'en faire beaucoup, juste un peu ça suffit, mais soyez persistant et les résultats vont venir

- trouvez des moyens de rendre ça agréable: musique, films, sites Internet sur des sujets qui vous passionnent, applications ludiques sur tablette ou téléphone, soyez curieux et testez beaucoup de choses

- enfin, même si c'est pas très fun, apprenez les bases de la grammaire, c'est pas très compliqué et c'est important sinon vous allez être très limité

Pour terminer: si vous pensez que vous êtes nul pour apprendre l'anglais ne soyez pas complexé.

La réalité c'est que partout dans le monde les gens sont nuls pour apprendre l'anglais.

Il n'y a que quelques rares pays dans le monde où les gens sont doués pour apprendre l'anglais (Allemagne, Pays-Bas, Scandinavie), et devinez quoi ?

Leur langue est une langue « cousine » de l'anglais.

On pourrait citer aussi le cas du Portugal et de la Grèce, mais ce sont des petits pays qui ont une forte tradition d'exode pour des raisons politiques et économiques.

A part ça partout dans le monde les gens ont beaucoup de mal à parler anglais.

Et dans les pays anglophones il y a très peu de gens qui parlent des langues étrangères.

C'est normal, car apprendre une langue étrangère ce n'est pas quelque chose de naturel, mais ça peut s'apprendre très facilement avec la bonne méthode.

La mienne ;-)

PS: j'ai créé le site anglais5minutes sur lequel je partage mes conseils pour apprendre l'anglais

4. Comment gagner plus

Quand j'étais jeune salarié un jour je suis tombé sur un livre d'occasion dont le titre était « Comment gagner plus d'argent »

(le titre m'avait intrigué et il devait couter 1 ou 2 euros donc je prenais pas beaucoup de risques)

C'était un petit livre.

Les 2 conseils principaux étaient « apprenez l'anglais car c'est à la portée du premier imbécile venu » et « si vous êtes à la technique passez commercial ».

Ce livre a littéralement changé ma vie puisque suite à sa lecture j'ai commencé à apprendre l'anglais
et 2 ans plus tard j'ai quitté mon travail d'administrateur système pour passer commercial dans une autre société.

(finalement ils ne m'ont pas retenu à la fin de ma période d'essai et c'est comme ça que de fil en aiguille je suis parti à l'aventure en Australie…)

C'est vrai que pour chaque activité ou chaque profession il y a un revenu moyen donc inutile d'espérer devenir millionnaire
si vous êtes employé par une mairie.

Mon conseil c'est d'être curieux et de regarder autour de vous combien gagnent les gens.

Effectivement dans le secteur privé, si vous n'avez pas un diplôme prestigieux un bon moyen de gagner plus c'est d'être commercial

(bien sûr être commercial ne suffit pas, il faut être capable de générer un volume de ventes important et ce n'est pas un métier facile).

Sinon vous pouvez aussi trouver des niches: ce sont des activités peu connues ou des petites boites ou il est possible de gagner plus.

Par exemple quand j'ai commencé à travailler comme administrateur réseau à la sortie de mes études je gagnais 2000 euros net par mois.

Mais je faisais des astreintes de nuit une semaine tous les mois

(je pouvais être réveillé en cas de problème sur des serveurs et en pratique on était réveillé souvent, c'était rock'n roll).

Ca me rapportait une prime de 500 euros.

En plus la boite nous payait nos heures supplémentaires donc à 25 ans je touchais 3000 euros net par mois ce qui était pas mal du tout.

(je gagnais plus que tous les gens que je connaissais en fait)

Pour augmenter vos revenus vous pouvez faire de l'immobilier ou bien lancer un business en ligne.

Vous pouvez aussi faire un peu de freelancing: par exemple en proposant vos services sur 5euros.com.

Il suffit de voir les services qu'ils proposent sur la plate-forme et de proposer les vôtre en fonction de ce que vous savez faire. Par exemple tout le monde peut commencer par rédacteur web (à part si votre orthographe est catastrophique bien sûr).

J'ai un ami qui faisait les brocantes pour acheter des jeux vidéos d'occasion et ensuite les revendre à l'unité sur Internet et faire de belles plus-values.

Vous pouvez aussi faire des extras comme vendeur, serveur ou autre.

Bref, il n'y a pas de limites. Il suffit juste d'être curieux et débrouillard.

Mais le te top du top c'est quand même de créer sa boite. Là il n'y a plus de limite.

Pour vous donner une idée de ma rémunération actuelle, je me verse un salaire de 2500 euros par mois. Nos biens immobiliers nous rapportent 3000€ net par mois.

Et ensuite il y a les bénéfices de ma société. Actuellement, avec 100.000€ de chiffre d'affaires par mois ma société fait 25.000€ de bénéfices par mois soit 300k€ par an.

Mon objectif c'est d'arriver à 100.000€ de bénéfices par mois.

(j'en ai pas besoin pour être heureux, c'est juste un défi que je me lance)

Donc vous voyez, ce niveau de rémunération est sans commune mesure avec ce que je pourrais gagner si j'étais toujours salarié.

Et bien sûr je n'ai pas de patron, pas d'horaires, ni besoin d'aller au travail.

Pour lancer votre entreprise je vous conseille d'avoir un peu d'argent de côté. 5000€ ou 10.000€ euros c'est vraiment le minimum pour vous lancer sereinement.

(d'ailleurs même si vous êtes salarié vous devriez avoir un fond de sécurité de 2 à 3 mois de salaire pour faire face aux imprévus)

Quand j'étais salarié je gérais mon budget à l'euro près: j'avais calculé mes charges fixes (loyer, crédit voiture, assurances).

Tous les mois je mettais de côté pour faire un gros voyage par an, et tous les mois je mettais 300€ de côté.

Ca plus l'argent de l'assurance pour la voiture (je me la suis faite voler en bas de chez ma mère à Gennevilliers - LOL),
quand je suis parti en Australie j'avais 15000€, ce qui m'a permis de lancer mon premier business pour acheter une voiture et du stock.

Honnêtement ce n'est pas dur de gérer son budget: une fois qu'on a déduit ses charges fixes et ce qu'on veut économiser il reste le budget « courses et loisirs ».

Je divisais ce budget par 4,2 et ça me donnait mon budget hebdomadaire. Si j'avais trop dépensé une semaine je faisais plus attention le week-end pour ne pas dépasser mon budget.

Et si au contraire je n'avais pas dépassé mon budget je reportais l'excédent sur la semaine suivante.

L'adversité est mère de la créativité. On trouve toujours des solutions plus économiques.

Par exemple si on a dépensé tout son budget on peut toujours regarder des films sur Internet, allez se balader ou faire du sport.

On peut aussi se faire une bonne bouffe à la maison et inviter des amis

(ça coûte beaucoup moins cher de cuisiner que d'aller au restaurant)

On peut en profiter pour aller visiter ses parents ou de la famille qu'on n'a pas vus depuis longtemps.

N'oubliez jamais: il y a ceux qui trouvent des excuses et il y a ceux qui trouvent des solutions.

Croyez-moi, si vous voulez gagner beaucoup d'argent, il faut faire partie de la deuxième catégorie ;-)

Deuxième partie: Comment devenir libre

1. Comment devenir libre

Je me souviens quand j'ai commencé dans la vie active j'avais ce sentiment étrange:

« j'ai bien fait comme on m'a dit, j'ai un bac +5, je gagne plus que tous les gens que je connais, et pourtant j'habite dans un studio en banlieue parisienne
et même si j'ai un bon salaire j'ai pas une vie de dingue non plus.

Je me disais aussi « je suis un adulte comment ça se fait que je doive demander la permission pour sortir du bureau ? On dirait que je suis encore à l'école... ».

Mais c'est quand je suis passé de la technique au commercial que j'ai vu l'envers du décor.

Je travaillais comme commercial dans une petite SSII (société de services en informatique).

Quand vous êtes commercial vous êtes du côté direction donc pendant que les ingénieurs sont en mission chez les clients vous êtes dans les bureaux avec les directeurs.

Je me souviens d'une des traditionnelles réunions du lundi.

Une des directrices nous a dit « attention on a Jean-Michel M. qui va sortir bientôt de mission, il a 45 ans donc il faut le replacer à tout prix, même si on ne fait pas de marge ».

Je me suis dit « Pour toucher une retraite pleine il faut cotiser pendant 42 ans, si on a un bac+5 on a commencé à travailler à 23 ans ça veut dire qu'on travaille jusqu'à 65 ans. Si à 45 ans (donc à mi-chemin) ça devient difficile de trouver du travail ça va être compliqué… »

D'autres anecdotes m'ont fait réfléchir aussi: je cherchais un profil spécifique pour une mission dans une banque et j'avais trouvé un candidat avec un super CV.

Je l'ai contacté et il est venu pour passer un entretien avec moi.

Bel homme, la quarantaine, il avait un beau costume et un attaché-case.

Finalement l'affaire ne s'est pas faite mais je me souviens m'être dit « quand j'aurai son âge il est HORS DE QUESTION que je doive prendre ma petite mallette et me taper 1h de transports pour aller me vendre à un petit jeune fraichement diplômé ».

Bref j'avais compris que faire carrière dans la gestion de projet ou le management n'étais pas pour moi.

Une autre anecdote m'a aussi amené à réfléchir.

Mon premier jour comme commercial surprise: je n'étais pas le seul nouveau puisqu'on était 6 nouveaux commerciaux !

C'était clairement l'armée mexicaine: on les envoie au front et on verra bien qui survivra (après mon départ il n'en restait plus que 2…)

Parmi ces nouveaux commerciaux il y avait Patrick. A 36 ans il venait de passer 10 ans dans une grosse société de services.

Il utilisait son carnet d'adresses pour placer des ingénieurs et ça marchait mais je le voyais se démener et il était souvent encore au téléphone après 19h voire 20h.

(je le savais parce que j'étais là aussi, j'arrivais souvent à 8h30 pour avoir des décideurs au téléphone et je repartais souvent après 19 ou 20h).

Je m'étais dit « il a 36 ans, il a encore l'énergie pour repartir de 0 mais dans 10 ans si il change de boite est-ce qu'il aura encore la force de tout reconstruire ? »

Pour toutes ces raisons j'ai pris conscience que le salariat était une voie sans issue.

Et avec tout ce qui arrive dans le domaine des robots et de l'intelligence artificielle ce n'est pas près de s'arranger croyez-moi…

A l'époque j'étais tombé sur un article sur Internet parlant de français qui avaient tenté l'aventure en Inde et créé leur entreprise.

J'étais encore marqué par mon voyage au Mexique et je rêvais d'aventure. Je sentais qu'il y avait plus d'opportunités hors de France.

Après ce travail de commercial j'ai vu une publicité pour les visas vacances travail en Australie.

J'étais au chômage. J'avais toujours rêvé de vivre à l'étranger.

J'ai donc pris mon visa, acheté un billet d'avion et deux mois plus tard je m'envolais pour Sydney
avec juste une valise et des rêves plein les yeux.

1 mois après mon arrivée je commençais un petit boulot de vente en porte à porte.

Le premier jour j'ai vu que ça marchait donc le soir même je suis allé sur Internet et j'ai commencé à chercher des fournisseurs.

Un mois plus tard j'avais une voiture, 5 vendeurs, et on commençait à vendre.

Il y a eu des hauts et des bas mais en moyenne je suis arrivé à mettre de côté 5000 euros par mois pendant un an.

J'étais en short et en tongs et je gagnais 3 fois plus que mes amis expats qui travaillaient à la Société Générale dans la city !

Car être entrepreneur c'est plus de liberté (plus de responsabilités aussi) mais ce sont des revenus qui sont potentiellement illimités.

En étant votre propre patron vous pouvez gagner 100.000€ par an, 500.000€ ou même 1 million !

Mais comment trouver votre idée de business ? C'est ce qu'on va voir maintenant avec la méthode qui m'a donné 100% de réussite en création d'entreprise.

2. Comment trouver votre idée de business: la méthode infaillible

J 'ai créé 4 business dans ma vie et tous ont marché:

- quand je suis arrivé en Australie j'ai fait un petit job qui consistait à vendre des peintures en porte à porte. J'ai vu que ça marchait bien et j'ai lancé mon propre business. En un an et demi j'ai fait 200.000€ de ventes et j'ai mis de côté 50.000€

- quand je suis rentré en France j'ai rencontré des blogueurs amateurs qui gagnaient entre 500 et 1000€ par mois avec la publicité et l'affiliation. J'ai décidé de me lancer à temps plein sur mon petit blog que personne ne lisait et 6 mois plus tard je gagnais 1000€ en un mois

- une des pages de mon blog s'était placée numéro 1 dans Google pour la recherche sur « comment apprendre l'anglais » et je savais qu'il y avait des entreprises qui gagnaient de l'argent dans ce domaine donc j'ai lancé anglais5minutes.fr. Au bout d'un an j'avais une liste email de 4000 personnes et j'ai lancé une première formation qui a généré 3052 euros de ventes. Par la suite j'ai monté ce business à 3000€ par mois en y passant très peu de temps (à part la création des pages de vente j'ai délégué toutes les tâches, depuis l'écriture des articles jusqu'à la gestion des campagnes email)

- pendant des années j'ai payé des logiciels pour gérer ma liste email et envoyer des emails. Je savais que ces sociétés réalisaient entre 5 et 100 millions de chiffre d'affaires par an donc j'ai lancé systeme.io et aujourd'hui nous sommes à 50.000€ par mois de C.A.

Est-ce que vous voyez le point commun ?

Je n'ai JAMAIS eu d'idée révolutionnaire.

Je n'ai rien inventé.

J'ai juste vu qu'il y avait des entreprises qui gagnaient de l'argent et j'ai décidé de faire la même chose.

Quand on débute dans la création d'entreprise on se dit souvent qu'il faut avoir une idée nouvelle, là où il n'y a pas encore de concurrents.

Mais en règle générale quand il n'y a pas de concurrents c'est qu'il n'y a pas de marché.

C'est comme si vous voulez ouvrir un nouveau restaurant: vous n'allez pas essayer d'inventer une nouvelle cuisine (enfin, si, certains le font, et en général ils se plantent).

Ce que vous allez faire c'est que vous allez choisir un concept qui existe déjà et qui plait: pizza, burger, crêpes, sushi, etc et vous allez le faire à votre manière: ce sera votre nom de restaurant, vos recettes, votre décor, votre personnalité, votre énergie.

Bref, pas besoin d'avoir une idée géniale pour lancer une entreprise rentable.

Mais alors comment savoir ce qui est rentable ? Facile, il suffit juste d'être curieux et observateur.

Pour un business physique (restaurant, commerce) il vous suffit d'aller sur un point de vente, de regarder combien il y a de clients qui achètent en une heure, d'évaluer le panier moyen pour calculer le chiffre d'éaffaires.

Ensuite en calculant le montant des dépenses (stocks, personnel, charges) vous pouvez avoir une estimation de la rentabilité de la société.

Pour les entreprises françaises vous pouvez aller sur societe.com et regarder les bilans de la société.

Vous pouvez chercher des articles sur la société ou des interviews des fondateurs.

Pour systeme.io c'est en écoutant des podcasts d'entrepreneurs que j'ai découvert que ces sociétés faisaient des dizaines de millions de dollars de chiffre d'affaires
et que j'ai décidé de lancer ce projet.

On est en compétition avec des entreprises qui font entre 10 et 100 millions de chiffre d'affaires par an donc je me dis
que si on est mauvais on fera 5 millions.

Vous voyez pas besoin d'avoir une idée révolutionnaire pour créer un business rentable…

Il y a une autre méthode qui existe, je vous en parle dans le prochain chapitre.

3. Comment trouver votre idée de business: la nouvelle méthode

On vient de voir la méthode infaillible qui m'a permis de créer avec succès 4 business.

On va voir maintenant une méthode plus récente mise au point par des entrepreneurs américains ces dernières années.

En 2011 Eric Ries a publié « The Lean Startup », un livre qui montre que pour créer une startup il vaut mieux tester au plus vite son idée
(en proposant une version minimaliste de son produit) plutôt que de passer beaucoup de temps à créer le produit parfait.

Par la suite Dane Maxwell a lancé « The Foundation », une formation en ligne où il enseigne une méthode basée sur de la détection de problème
pour trouver une idée de startup.

Sam Ovens a suivi la formation et il a eu l'idée brillante d'appliquer cette méthode aux services.

(l'idée est brillante car il est plus facile de créer et de vendre du service plutôt que du logiciel…)

Aujourd'hui Sam Ovens fait 20 millions de dollars par an en vendant sa méthode qui a permis à des milliers de personnes de créer un business rentable.

Voici les étapes de la méthode:

1) Vous choisissez un groupe de clients que vous voulez servir: ça peut être les architectes, les agents immobiliers, les cadres d'entreprise. L'important c'est que le groupe soit bien identifié et qu'il soit en mesure d'investir dans une solution

2) Vous réalisez des entretiens par téléphone ou en face à face avec des gens de votre cible. Vous leur posez des questions sur leur quotidien pour trouver un problème important auquel ils font face. Votre rôle c'est d'écouter et de donner toute votre attention à votre interlocuteur. Vous devez réaliser le plus d'entretiens possibles: au minimum quelques dizaines. Plus vous avez d'entretiens et plus vous avez de chances de découvrir un problème important.
Ne soyez pas intimidé pas le fait de de faire ces entretiens, les gens adorent parler d'eux et vous leur ferez un vrai cadeau en les écoutant sincèrement.

3) Une fois que vous avez trouvé un problème important vous faites une offre à votre interlocuteur pour lui proposer une solution qui vient résoudre ce problème: ça peut être du service, du coaching, ou même du logiciel. Si vous avez peur de ne pas être capable de trouver une solution ne vous inquiétez pas, c'est normal d'avoir peur quand on sort de sa zone de confort mais si vous voulez changer de vie il va falloir faire des choses qui font peur donc il ne faut pas que ça vous arrête.
Au pire si vous n'y arrivez pas vous remboursez votre client.
Donc vous faites une offre, ça veut dire que vous demandez de l'argent à votre interlocuteur. Ne demandez pas « est-ce que vous achèteriez tel produit ou service ? » ou « est-ce que vous seriez intéressé par tel produit ou service ? » car ça ne veut absolument rien dire. En entrepreneuriat tout ce qui compte pour valider une

offre c'est une commande ferme et définitive.
2 conseils pour trouver un problème intéressant:
Premier conseil: plus la douleur causée par le problème est forte et urgente et plus le client est prêt à payer
Deuxième conseil: souvent un problème entraine d'autres problèmes. En questionnant la personne vous pouvez l'aider à comprendre comment ce problème qui semble bénin à la base entraine en réalité d'autres problèmes (c'est la fameuse méthode de vente enseignée dans le livre « Spin Selling » de Neil Rackham)

4) Suite aux résultats obtenus vous pouvez ou non changer votre offre et/ou de cible. Il faut mieux échouer rapidement pour trouver plus rapidement une offre qui fonctionne.

Voila toute la méthode: c'est simple et diablement efficace.

Certains entrepreneurs ont fait fortune avec cette méthode.

De manière générale vous ne devriez pas avoir peur de vendre un produit ou service avant de l'avoir créé.

Il y a des dizaines de témoignages d'élèves de « The Foundation » qui ont vendu un logiciel avant même de l'avoir créé (en général le deal c'est « si vous commencez tout de suite à payer un abonnement je vais pouvoir financer le développement de la solution et en échange je vous offre une réduction à vie sur le tarif normal »).

Récemment j'ai écouté l'interview du fondateur de la société Naturebox (concept de box par abonnement contenant des snacks) : en 2011 ils ont publié une simple page qui décrivait leur produit avec un bouton de paiement PayPal. 48h plus tard une centaine de personnes avaient payé leur abonnement. Sauf qu'ils n'avaient pas de produit ! Ils sont donc allés au supermarché, ont acheté des snacks qu'ils ont mis dans des sacs avec un sticker contenant leur logo et c'est comme ça qu'ils ont lancé un entreprise qui fait maintenant plusieurs dizaines de millions de dollars de chiffre d'affaires.

Si il est possible de pré-vendre un logiciel ou un produit physique comme une box par abonnement, alors il est encore plus facile de pré-vendre un service. Vous pouvez toujours vous former sur le tas ou trouver un partenaire pour vous aider dans la réalisation.

Si vous voulez réussir dans l'entrepreneuriat de toutes façons il va falloir trouver des solutions !

Maintenant que vous connaissez les deux méthodes les plus efficaces pour trouver des idées de business rentables
je vais vous donner une liste de 10 indicateurs clés pour faire choisir la meilleure idée.

4. 9 indicateurs pour choisir votre idée de business

En plus de déterminer le potentiel de chiffre d'affaires d'un business et sa rentabilité
j'ai une grille de lecture de 9 indicateurs clés pour déterminer si un business est bon pour vous:

Indicateur #1: Comment vivent les gens qui ont ce business ?

Est-ce qu'ils gagnent bien leur vie ? Est-ce qu'ils travaillent beaucoup ? Est-ce qu'ils sont super stressés ?

Par exemple, un restaurant demande beaucoup de travail: en plus du service il faut gérer les achats, l'administratif, le marketing, les employés.

Pour moi c'est une activité incompatible avec une bonne qualité de vie donc je ne me lancerais pas dedans.

Mais ce n'est pas une règle absolue: certains restaurateurs ont trouvé comment scaler leurs opérations et ouvrent plusieurs points de vente
qui sont exploités par des équipes.

Indicateur #2: Est-ce que le chiffre d'affaires de l'entreprise est récurrent ?

Presque toutes les startups utilisent un modèle par abonnement.

Beaucoup de logiciels sont passés sur des modèles par abonnement: aujourd'hui il n'est plus possible d'acheter Microsoft Office, il faut prendre un abonnement.

Netflix, Spotify, ce sont encore des offres par abonnement.

L'avantage ? Des revenus plus réguliers pour l'entreprise. Mais aussi une valorisation plus élevée.

Début 2016 j'ai lu « The automatic customer » de John Warrillow. Ce livre explique comment mettre en place des offres par abonnement dans n'importe quel secteurs d'activité.

3 mois plus tard je lançais le Pass Business, une offre de formation révolutionnaire pour accéder à toutes mes formations marketing pour 19 euros par mois.

(des années plus tard je suis toujours la seule personne sur mon marché à proposer une offre par abonnement à moins de 20 euros par mois…)

2 ans plus tard je lançais systeme.io, un logiciel pour gérer tout son business en ligne, et bien sûr c'est un modèle par abonnement.

A choisir entre deux business je prendrai certainement celui qui vend des offres par abonnement.

Indicateur #3: Quelle est la marge des produits que vous vendez ?

La marge c'est la différence entre le prix de vente et le coût de production.

Est-ce que la marge que vous faites sur la vente des vos produits est élevée ?

Par exemple vous pouvez enregistrer une formation sur votre ordinateur pour un coût presque nul (quelques dizaines d'euros) et la vendre ensuite à plusieurs centaines ou milliers d'exemplaires.

C'est ce que j'ai fait sur mon site anglais5minutes.fr: j'ai créé 5 formations que je vends depuis plusieurs années aux abonnés de ma liste email.

Ca me coute quelques dizaines d'euros seulement par mois pour les frais techniques et ça me rapporte plusieurs centaines ou milliers d'euros par mois.

Si vous créez un logiciel comme on l'a fait avec systeme.io ça peut être très rentable également: vous avez des couts fixes pour créer le logiciel (le cout de développement essentiellement) et ensuite ça ne vous coute pas beaucoup plus cher de le vendre à 100 ou 10 000 personnes

(le cout du support client et de l'infrastructure va augmenter mais de manière générale la marge brute va augmenter)

Il est tout à fait possible de faire beaucoup de bénéfices avec un produit à faible marge, c'est le modèle des grandes surfaces.

Par exemple Amazon.com fait un volume de ventes phénoménal avec des marges très faibles.

Pour la petite histoire Amazon a lancé Amazon Web Services (AWS), une filiale qui propose des logiciels en ligne disponibles à la demande.

Ces logiciels proposent des fonctions basiques (serveurs virtuels pour héberger des sites Internet, envoi d'emails, sauvegardes) et sont utilisés par des entreprises ou des startups pour faire fonctionner leur infrastructure.

(chez Systeme.io on utilise Amazon AWS pour héberger notre site Internet et stocker les fichiers de nos utilisateurs)

Amazon a lancé ce service car il avaient développé des outils performants en interne que les autres entreprises pourraient vouloir utiliser,
mais aussi parce que c'est un business avec des marges beaucoup plus élevées que leur activité traditionnelle de distribution.

Résultat: en 2016 Amazon Web Services représentait 10% du chiffre d'affaires d'Amazon mais 50% de ses bénéfices…

Indicateur #4: Est-ce que ce business vous permet d'être géographiquement indépendant ?

Fin 2017 nous sommes partis avec ma femme et notre fille de 1 an passer six semaines en Australie et en Nouvelle-Zélande.

Quand j'ai parlé de ce voyage à un client de mes formations qui exploite des boutiques en franchise au Luxembourg,
il m'a dit « avec mes employés je pourrais jamais faire ça ».

Aujourd'hui on habite au Portugal car on s'y plait beaucoup mais on peut tout à fait changer si on en a envie un jour.

D'ailleurs chaque année on va rendre visite à la famille de ma femme en Colombie et pour moi ça ne change rien,
j'emporte juste mon ordinateur portable dans mon sac et hop !

Avoir un business sur Internet est évidemment la première solution à laquelle on pense pour être géographiquement indépendant, mais certain y arrivent avec des business physiques.

Indicateur #5: Est-ce que ce business demande beaucoup de travail ?

Ok ça parait bateau comme question mais sérieusement, je vois des gens qui se lancent dans des carrières où typiquement on est obligé de trimer comme un dingue pour en vivre (restaurateurs, comptables, boulanger, etc).

Quand on lance un business ça demande beaucoup de travail au début mais au moins est-ce que vous avez la possibilité au bout d'un moment de lever le pied ?
(en déléguant ou d'une autre manière)

Quitte à passer plusieurs années sur votre business autant partir dans une bonne direction dès le départ ;-)

Indicateur #6: Est-ce que ce business est scalable ?

Si vous avez un commerce ou un restaurant, à de rares exceptions près votre clientèle se trouve dans un périmètre situé à quelques kilomètres autour de votre restaurant.

Et même si vous les clients viennent en masse vous êtes limité par la capacité d'accueil de vos locaux.

Dans ce cas-là la seule solution pour développer son chiffre d'affaires c'est d'ouvrir de nouveaux points de vente.

Sur Internet les clients peuvent venir du monde entier, et certains marchés sont absolument énormes.

Par exemple pour systeme.io une fois qu'on a développé le logiciel on peut le vendre à 100 ou 10 000 clients, et sur le marché anglais il y a des sociétés qui font entre 10 millions et 100 millions de CA par an donc je sais qu'il est possible de faire un jour 10 millions et plus.

Indicateur #7: Est-ce que vous pouvez revendre ce business ?

Quand j'étais en Australie j'ai réalisé que mon business de vente en porte à porte permettait de générer du cash mais que ce business était impossible à vendre.

Quand on lance son entreprise souvent tout ce à quoi on pense c'est de commencer générer du chiffre d'affaires pour pouvoir en vivre et souvent on ne pense pas du tout
à la valorisation de son entreprise.

Pourtant si on peut à la fois se créer une source de revenus et développer un actif qu'on peut revendre alors pourquoi se priver ?

(en réalité la valeur de l'actif c'est la compensation pour la perte de revenus liés à cet actif dans le futur en cas de cession :-))

Il y a quelques années j'ai lu « Built to sell » de John Warrillow.

Dans ce livre écrit il explique comment le patron d'une agence marketing découvre avec effroi que son enterprise ne vaut pas grand-chose.

Aidé par un mentor il change le business modèle de son entreprise pour passer d'un modèle de service à un modèle de produit (il s'agit en fait d'un service standardisé pour tous les clients), ce qui lui permet de valoriser son entreprise.

Pour estimer la valorisation de votre entreprise posez-vous les questions suivantes:

- quelle serait la valeur pour un repreneur ? (que ce soit en termes de bénéfices réalisés ou en termes de synergie avec son entreprise ?)

- est-ce que l'entreprise peut continuer à générer des revenus sans votre présence ?

En général la valorisation d'une entreprise se mesure en nombre d'années de chiffre d'affaires.

Une valorisation d'un ou deux ans de chiffre d'affaires est plutôt faible et indique une entreprise avec de faibles marges ou un faible potentiel de croissance, tandis que certaines startups peuvent être valorisées plus de 10 ans de chiffre d'affaires.

Par exemple un business de ventes de formations en ligne sera valorisé en général moins qu'un logiciel en ligne

(une des raisons pour lesquelles j'ai lancé systeme.io)

Donc posez-vous la question de quelle serait la valorisation de votre société.

Indicateur #8: Est-ce qu'il y a des barrières à l'entrée ?

Des barrières à l'entrée ce sont des circonstances qui freinent des entreprises à rentrer en compétition dans un marché.

Ca peut être une réglementation contraignante, ou alors des investissements très lourds.

Moins il y a de barrières à l'entrée plus il est facile pour de nouveaux entrants de rentrer sur le marché et plus vous risquez d'avoir de compétition.

Dans mon cas je vendais des formations web marketing et je remarquais que de nombreux clients de mes formations créaient un business rentable
et ensuite lançaient des formations webmarketing concurrentes des miennes.

Ca a été une des raisons qui m'ont poussé à lancer systeme.io, car un projet de ce type c'est un ou deux ans de travail et plusieurs centaines de milliers d'euros d'investissement donc ça réduit le nombre d'entreprises qui peuvent venir entrer en compétition.

Indicateur #9: Est-ce que ce business est viable sur le long terme ?

Avec un business d'expert (vous vendez votre expertise sous la forme de services, formations ou de coaching)
plus le temps passe et plus vous avez de clients, plus vous avez de produits et plus votre position est confortable.

Dans le cas d'un logiciel comme Systeme.io plus le temps passe plus votre logiciel a de fonctionnalités et d'utilisateurs.

L'idée c'est d'avoir un business où le temps joue pour vous et où plus le temps passe et vous allez être serein.

Pour conclure

Evidemment il n'y a pas de réponse parfaite, tout dépend de votre situation: lorsque vous lancez votre premier business vous êtes en mode « survie » et il faut en vivre le plus vite possible.

Mais par la suite (ou pourquoi pas dès le départ) vous pouvez réfléchir sur le long-terme pour trouver la meilleure option pour vous sur le long terme.

Allez, maintenant je vais vous donner quelques conseils de productivité pour que vous soyez prêt à lancer votre business ;-)

5. Comment devenir un entrepreneur productif

Je ne peux pas terminer cette deuxième partie sans vous donner 5 conseils de productivité essentiels.

Premier conseil: prenez des décisions (même imparfaites)

Il y a quelques années j'ai aidé un client en coaching individuel.

Il avait un blog qui générait en moyenne 1000€ par mois.

J'ai remarqué que dans les articles de son blog il envoyait les gens directement vers la page de vente de son produit phare

(une formation en ligne pour vaincre l'anxiété qui coutait 37 euros)

Je lui ai dit «j'en ai pas la certitude mais je pense que si au lieu d'envoyer directement les gens sur ta page de vente tu demandais leur adresse email et ensuite tu leur envoyais une séquence d'emails pour vendre ton produit tu gagnerais plus ».

En théorie on aurait pu mettre en place un test A/B pour le tester scientifiquement et avoir une réponse exacte mais en pratique les ressources sont limitées et il faut faire avec.

On a décidé de tester cette stratégie. 3 semaines plus tard il m'a dit «j'ai mis en place le système, je fais 3 ventes par jour en automatique ça fait 100€ par jour soit 3000€ par mois »

Cette expérience m'a appris qu'**il vaut mieux prendre une décision imparfaite et avancer** plutôt que d'attendre.

Par exemple beaucoup de personnes attendent d'avoir l'idée parfaite avant de se lancer.

Comme si un jour un mage allait apparaitre et leur dire quelle est l'idée qu'ils doivent choisir !

Votre rôle d'entrepreneur c'est de prendre des décisions et d'agir même si c'est imparfait.

Et vous pourrez toujours améliorer votre service ou produit par la suite.

Mais plus vite vous agissez (et vous échouez) et plus vite vous trouverez ce qui fonctionne.

Je suis entrepreneur depuis 2007, entrepreneur sur le web depuis 2010, je peux vous donner quelques stats:

- sur 10 produits en général 2 cartonnent, 2 font un flop et 6 fonctionnent moyennement

- de la même manière, la plupart des choses que vous allez tenter en tant qu'entrepreneurs vont échouer ou donner de faibles résultats. Solution: essayer rapidement beaucoup de choses différentes

- le principe du 80/20 (ou loi de Pareto du nom de l'économiste italien qui a découvert ce principe) nous apprend que 20% des actions produisent 80% des résultats. Donc typiquement 20% des produits génèrent 80% du chiffre d'affaires. Solution: lancer beaucoup de produits rapidement pour trouver ceux qui rapportent le plus

Deuxième conseil: si vous avez un business sur Internet produisez tous les jours

Créer un business sur Internet est une excellente opportunité: peu ou pas d'investissement nécessaire, on peut se lancer depuis chez soi, etc etc

Le problème c'est qu'il est difficile de mesurer ce qu'on produit.

Est-ce que commenter des publications sur les réseaux sociaux ou des articles de blog apportent beaucoup de valeur ?

Beaucoup de gens veulent lancer un business en ligne et font du sur-place.

Pour eux j'ai un exercice très simple: regardez combien de contenu vous avez produit dans les 30 derniers jours:

- combien d'articles ?

- combien de pages d'un livre ?

- combien de vidéos ?

Si la réponse est rien ou pas grand-chose, il est pas surprenant que vous n'avanciez pas.

De la même manière qu'à la télévision ce sont les gens qui PRODUISENT qui gagnent de l'argent (les producteurs, les présentateurs, etc),
sur Internet ce sont les gens qui PRODUISENT qui gagnent de l'argent.

Pour réussir il faut passer de CONSOMMATEUR à PRODUCTEUR.

Il faut produire du contenu, du marketing (vous pouvez produire des pages de vente ou des campagnes de publicité pour des gens qui ont des produits à vendre).

Je pense qu'on ne peut être réellement efficace que quelques heures par jour et le moment de la journée où je suis le plus efficace c'est le matin donc j'ai une règle simple:

le matin je vais au bureau et à midi je fais en sorte d'avoir gagné ma journée: ça peut être en ayant écrit quelques pages de mon livre comme aujourd'hui, en ayant créé une nouvelle formations, en ayant écrit une page de vente, en ayant pris une décision stratégique.

L'après-midi je fais des tâches moins essentielles: écouter des podcasts d'entrepreneurs, répondre à des emails, aller à la gym.

Un exercice intéressant: regardez des entrepreneurs qui ont réussi (que ce soit sur le web ou non) et essayez de trouver la raison pour laquelle ils ont réussi: est-ce que c'est en créant un produit extraordinaire ? Est-ce que c'est en étant capable d'attirer beaucoup de trafic ?

Souvent vous verrez que ces entrepreneurs sont très bons pour une chose en particulier et c'est la raison de leur succès.

Troisième conseil: voyez sur le long-terme

Hier soir j'écoutais un reportage sur Amazon et un passage a particulièrement attiré mon attention. Amazon a pendant des décennies généré peu de profits pour les actionnaires car tous les bénéfices de l'entreprise étaient réinvestis et c'est ça qui a permis cette augmentation quasi exponentielle du chiffre d'affaires (et du cours de l'action au passage…)

Le journaliste a fait un commentaire d'apparence anodin mais en fait totalement crucial en disant **« les stratégies sur le long terme sont toujours plus rentables sur le long terme »**.

Sur Internet vous pouvez trouver des tonnes de conseil sur comment gagner 5 minutes par-ci ou 10 minutes par-là.

Le modèle de « travailler plus » ou de devenir « plus efficace » est de toutes façons limité.

On a tous 24h dans une journée et au bout d'un moment on ne peut pas produire plus

(et de toutes façons si on arrive à travailler efficacement 12 heures par jour mais qu'on n'a plus de vie personnelle je vois pas l'intérêt).

Donc une manière de produire plus sans passer plus de temps ça peut être de déléguer.

Par exemple en recrutant des rédacteurs qui écrivent des articles pour vous ou des développeurs qui développent un logiciel pour vous.

Pour mon blog anglais5minutes.fr j'ai recruté des rédacteurs pour écrire les articles.

Pour systeme.io j'ai des développeurs qui travaillent tous les jours à ajouter de nouvelles fonctionnalités au logiciel même si je suis en en vacances.

Et j'ai également un commercial qui vend des prestations de coaching à nos clients et un coach qui aide nos clients.

Posez-vous la question de « comment atteindre vos objectifs sur le long-terme sans travailler plus ».

Quatrième conseil: embauchez des « étoiles montantes «

Si je regarde en arrière, ce qui m'a permis d'obtenir des résultats extraordinaires dans ma carrière d'entrepreneur ça a été d'embaucher ce que j'appelle des étoiles montantes:
des experts talentueux qui ne sont pas encore arrivés au top. Du coup ils ont encore des tarifs abordables et ils se défoncent pour arriver au top.

Par exemple j'ai engagé Sébastien le Marketeur français comme consultant marketing et en 2011 et un an plus tard on a fait

500.000€ lors d'un lancement orchestré.

En 2017 j'ai enfin trouvé des développeurs talentueux et c'est comme ça que j'ai pu lancer systeme.io.

Pour dégoter ces talents il faut chercher sur le marché, et quand vous avez trouvé un candidat potentiel quelqu'un posez-vous ces 3 questions:

- est-ce qu'il vous fait une bonne impression ?

- est-ce qu'il a eu des résultats pour lui ?

- est-ce qu'il a eu des résultats pour des clients ?

Si la réponse à ces 3 questions est oui alors vous pouvez y aller avec un minimum de risques.

Une des règles d'or en investissement c'est d'acquérir des biens dont la valeur est sous-estimée.

C'est exactement ce que vous allez faire en recrutant des étoiles montantes.

Cinquième conseil: faites des offres irrésistibles

Pour vendre le secret c'est de faire des offres irrésistibles.

Posez-vous la question de quelle est la valeur de ce que vous proposez.

Maintenant regardez le prix que vous demandez.

Egalement les modalités lors de l'achat (frais d'envoi, délais de livraison, garantie de remboursement, etc etc).

Plus votre offre sera irrésistible et plus vous ferez de ventes.

Quand on a lancé systeme.io les solutions concurrentes commençaient à 97€ par mois.

Systeme.io commence à seulement 27€ par mois.

Un an après le lancement systeme.io 1500 clients payants et 50k€ par mois de chiffre d'affaires.

Conclusion: faites des offres irrésistibles ;-)

Troisième partie: Comment devenir riche

1. Comment investir dans l'immobilier

L'immobilier est un excellent moyen de vous constituer du patrimoine et/ou des sources de revenus alternatives.

Mais attention, je pense que l'enthousiasme des investisseurs pour l'immobilier est parfois excessif.

Dans ce chapitre je vais vous transmettre tout ce que j'ai appris dans l'immobilier.

Pourquoi investir dans l'immobilier ?

Aujourd'hui j'ai 4 biens immobiliers qui valent 700.000€ et qui nous rapportent 3000€ par mois.

(et on est locataires du logement où on vit - c'est beaucoup plus rentable comme ça)

Le gros avantage de l'immobilier c'est qu'on peut investir avec l'argent de la banque et qu'il y a un effet de levier important.

Je vous donne un exemple: imaginons que vous investissez 10 000 euros de vos économies pour acquérir un bien qui coûte 150 000 euros frais de notaire et rénovation inclus.

(vous empruntez donc 140 000€ à la banque)

Imaginons maintenant que vous mettez ce bien en location, et qu'au final, une fois que vous avez déduit tous les frais et les charges (y compris le remboursement du crédit), ce bien vous rapporte 300€ net par mois.

Ca fait donc 3600€ par an.

Votre investissement étant de 10 000€ au départ (c'est ce que vous avez sorti de votre poche), la rentabilité de votre capital investi est donc de 3 600/10 000 = 36% par an !

Je ne sais pas si vous vous rendez compte mais à titre de comparaison, si vous investissez vos 10 000€ dans un livret A vous allez toucher un peu plus de 1% par an.

La différence est absolument phénoménale.

Et attendez car il y a mieux...

Chaque mois vous remboursez des intérêts mais aussi une partie du capital emprunté.

Donc ceci vient augmenter votre patrimoine tous les mois.

Et en plus votre bien immobilier peut se valoriser: avec ma femme nous avons acheté un appartement à Lisbonne en 2015. Le coût total de l'achat et de la rénovation était de 155 000€.

Mais 3 ans plus tard les prix avaient flambé et cet appartement valait 350 000€.

200 000€ de plus value !

Et en plus on touchait un revenu tous les mois issus de la location de ce bien (environ 1800€ par mois).

Vous voudriez faire la même chose ? Voici ma méthode:

Ma méthode pour investir dans l'immobilier

Il faut savoir qu'il y a des tendances dans l'immobilier: certaines niches sont rentables et au fil du temps deviennent moins rentables.

Ce qui définit une niche:

- la zone géographique (exemple: « Marseille » ou « la Creuse »)

- le type de business (« achat/revente », « location en courte durée », « location meublée longue durée », « locaux commerciaux », etc)

Par exemple au moment où j'écris ces lignes ce qui est populaire en France c'est d'acheter un immeuble de rapport en province.

Ici à Lisbonne, acheter pour louer en location courte durée dans le centre ce n'est plus très rentable, il vaut mieux aller sur d'autres niches (locaux commerciaux, quartiers en devenir en périphérie comme Beato).

Alors comment savoir ce qui marche ?

Le plus facile c'est de suivre des investisseurs sur Internet (YouTube, Instagram): ils partagent beaucoup de contenu sur ce qu'ils font donc il suffit juste de suivre ce qu'ils font.

En général ils montrent leurs opérations, leurs chiffres, la rentabilité, donc vous avez accès à toutes les informations. Il suffit juste d'être un peu curieux !

Une fois que vous avez une idée de la niche que vous voulez attaquer il faut commencer à faire des recherches et vous allez voir c'est pas très compliqué.

La clé c'est la patience et la réactivité.

Tous les jours vous surveiller les nouvelles annonces qui paraissent. Je vous conseille de créer des alertes par email pour recevoir tout de suite les nouvelles annonces.

Quand vous regardez une annonce la première chose à faire c'est de calculer le coût au m2 (il suffit de diviser le prix du bien par le nombre de m2).

Ca vous donne un indicateur objectif sur la valeur du bien.

Au fur et à mesure vous allez connaitre les tarifs moyens qui se pratiquent sur le marché que vous visez et dès qu'il y a une affaire intéressante il faut être réactif et aller visiter tout de suite.

C'est aussi simple que ça.

L'avantage de cette méthode c'est qu'il n'y a pas besoin de visiter 50 biens.

Pour notre appartement à Lisbonne on a du visiter 4 ou 5 biens, par contre on a attendu presque 2 mois avant de trouver la bonne affaire (ce qui n'est pas très long non plus).

Une fois que vous avez trouvé un bien avec un prix au m2 intéressant il faut calculer la rentabilité du projet:

- Pour de l'achat/revente: vous faites une estimation du montant total des travaux et du tarif auquel vous pourriez le revendre

- Pour du rendement locatif: vous faites là aussi une estimation du montant total des travaux, par contre ensuite faites vous une estimation non pas du prix de revente mais des revenus locatifs que vous pourriez en tirer sur une année. Ensuite vous divisez les revenus locatifs sur une année par le cout total d'acquisition (achat du bien + frais de notaire + rénovation et ameublement) et ça vous donne une idée du rendement locatif. En fonction du mode d'exploitation il y a des frais différents mais disons que pour de la location longue durée il faut viser au moins 7% de rentabilité tandis que pour de la location courte durée il faut viser au moins 10% de rentabilité

Donc vous voyez pas besoin d'avoir fait Polytechnique, le mieux c'est d'être patient car il y a de bonnes affaires qui tombent de temps en temps et quand ça arrive il faut être très réactif.

Au fait vous vous demandez peut-être pourquoi nous sommes locataires du logement où on habite ?

Voici la réponse:

Vaut-il mieux louer ou acheter sa résidence principale ?

Vous vous souvenez, je vous ai dit que nous sommes actuellement locataires de notre logement et que nous louons à d'autres personnes l'appartement que nous avons acheté.

Pour quelle raison ?

Pour résumer: les biens les plus beaux et/ou situés dans les meilleurs quartiers sont en général des biens peu rentables.

C'est logique, puisque qu'un des principes de base en investissement c'est que la rentabilité est liée au risque.

Donc dans les beaux quartiers ou il y a moins de risques que le locataire ne vous paye pas ou que le bien se dévalue, le rendement de ces biens est moins élevé, tout simplement.

C'est la raison principale pour laquelle le rendement des immeubles des beaux quartiers à Paris est de l'ordre de 1% quand le rendement d'un immeuble de rapport dans une ville de Province avoisine plutôt les 10%

Prenons un exemple pratique: à Lisbonne nous payons 1400€ par mois de loyer pour un grand appartement dans un beau quartier de Lisbonne à 20 minutes à pied du centre historique.

Si nous avions voulu acquérir ce bien il aurait fallu investir environ 450 000€.

(au passage notez que la rentabilité de ce logement aurait été de 16 800/450 000 = 3,7%)

Au lieu de ça nous avons investi 150 000€ pour acheter un bien dans un quartier en devenir de l'autre côté de la ville.

Ce bien nous rapportait 1800€ par mois (ça a augmenté depuis, ainsi que sa valeur).

Donc au lieu d'investir 450 000€ pour ne plus payer de loyer, on a investi 150 000€, ça paye notre loyer
et on génère même un revenu supplémentaire tous les mois.

Vous voyez comment avec seulement quelques conseils simple on peut gérer son argent et son patrimoine
d'une toute autre manière ?

Je vous ai dit que la chance c'était pour les autres…

Derniers conseils pour la route

N'oubliez pas que plus votre endettement est élevé et plus le risque que vous prenez est élevé.

N'oubliez pas également que l'immobilier demande du travail (régler les petits problèmes techniques qui ne manqueront pas d'arriver ou d'éventuels contentieux).

Cela dit, ne nous servez pas de ces conseils comme excuses pour ne pas investir.

Beaucoup de personnes passent des mois ou des années à suivre des gens sur Internet et à y penser sans passer à l'action.

Souvenez-vous: un entrepreneur c'est quelqu'un qui prend des décisions et qui passe à l'action.

Dans 5 ou 10 ans vous serez bien content d'avoir fait cet investissement aujourd'hui.

Et surtout essayez de prendre du plaisir. Voyez-le comme un jeu. Personnellement je trouve que la recherche de bien est quelque chose de fun: c'est un peu comme une chasse au trésor. Quand vous trouvez une annonce intéressante ou que vous visitez un bien avec un bon potentiel c'est vraiment excitant.

Donc passez à l'action, car l'immobilier est un excellent moyen de développer votre patrimoine (surtout quand on débute).

Dans le prochain chapitre on va voir la méthode pour investir en bourse sans y perdre sa chemise (ni son temps d'ailleurs…)

2. Comment investir dans la bourse

Important: la transparence c'est quelque chose de très important pour moi donc avant de commencer ce chapitre je tiens à préciser quelque chose:

je n'ai jamais acheté d'action de ma vie !

La raison est très simple: ces dernières années j'ai beaucoup investi dans l'immobilier et dans systeme.io.

Du coup je n'ai pas vraiment eu l'occasion d'investir dans la bourse.

Cela dit je me suis beaucoup formé sur le sujet en lisant plusieurs livres de référence sur le sujet
et je tiens absolument à partager ce que j'ai appris avec vous.

Les livres les plus importants que j'ai lus c'est « The four pillars of investing » de William Bernstein et « A random walk down Wall Street »
de Burton Malkiel.

Ce ne sont pas des livres qui viennent de sortir puisque « The four pillars of investing » a été publié en 2002 et « A random walk down Wall Street » a été publié pour la première fois en 1973.

Mais c'est justement ce qui fait leur force car ce qui est nouveau n'a pas été testé et dans leurs cas les méthodes enseignées dans ces livres ont fait leur preuve depuis 15 ou 40 ans !

Le message principal de ces deux livres est similaire donc je voudrais le résumer ici:

- Toutes les études montrent que les gérants de portefeuilles n'arrivent pas à battre le marché sur le long terme

Ca veut dire que sur le long terme, leurs investissements vont moins bien performer que le marché

Exemple: sur X années, le gérant Y a eu une performance moyenne de 4% par an alors que le marché (l'ensemble des valeurs sur le marché) ont augmenté en moyenne de 5%.

Bien sûr vous allez toujours trouver des gérants de portefeuilles qui arrivent à battre le marché sur quelques années mais au bout d'un moment leurs performances chutent et sur le long terme leur performance moyenne est inférieure à celle du marché.

Ensuite il y a les exceptions comme Warren Buffet qui a une performance exceptionnelle depuis des dizaines d'années mais il faut prendre cette information avec des pincettes:

- premièrement, des investisseurs comme lui il y en a une poignée sur des centaines de millions donc statistiquement, sur des centaines de millions d'investisseurs, forcément certains vont avoir des résultats exceptionnels

- ensuite, Warren Buffet est très médiatisé, donc le simple fait qu'il investisse dans une société va faire monter son cours

Tout ça pour vous dire que que vous avez à peu près autant de chances de battre le marché sur le long terme que de gagner au Loto.

Sachant qu'il y a des frais de gestion pour rémunérer les gestionnaires de portefeuilles non seulement votre investissement risque d'être moins performant que le marché mais en plus il faudra encore enlever les frais de gestion.

Ca veut dire qu'il vaut mieux investir son argent dans des fonds indiciels côtés que de payer des gestionnaires pour gérer votre argent.

En moyenne, sur le long terme (ça veut dire sur plus de 20 ans), la bourse rapporte 8% par an, ce qui est énorme !

Et il faut savoir que ce rendement important est lié à la forte volatilité de la bourse: certaines années vous pouvez faire -20% ou même -30% et quand ça arrive il faut avoir le coeur bien accroché.

Toutes les études montrent que les « day trader » (les gens qui essayent de spéculer en achetant et revendant rapidement des titres) en moyenne perdent de l'argent.

C'est pour ça que l'approche « passive » est l'approche désormais recommandée par les experts:

- en raison de la forte volatilité il vaut mieux investir de l'argent dont on n'a pas besoin avec une vision sur le long terme

- pour se diversifier facilement et avoir des frais de gestion réduits au minimum il faut acheter des fonds indiciels (« trackers » en anglais) qui reproduisent les performances de marchés entier: par exemple toutes les actions américaines, ou alors toutes les actions mondiales

- pour limiter votre risque il vaut mieux lisser votre investissement dans le temps, c'est à dire ne pas investir une grosse somme d'un coup, mais investir son argent régulièrement dans le temps (par exemple une somme fixe tous les mois)

- en fonction de votre âge et votre goût pour le risque il faut mixer actions et obligations. Une règle au doigt mouillé c'est d'avoir dans son portefeuille un pourcentage d'obligations égal à votre âge. Exemple: à 40 ans avoir 40% d'obligations et 60% d'actions.

- une fois que vous avez décidé de comment vous allez allouer vos actifs, il faut ensuite rééquilibrer votre portefeuille: tous les ans ou tous les 2 ans il faut vendre une partie des titres qui ont bien performé et acheter des titres dans la classe d'actif qui ont moins performé. C'est contre-intuitif puisqu'on rechigne à acheter ce qui a mal performé et on voudrait acheter plus de ce qui a bien marché et pourtant si vous voulez gagner de l'argent il faut acheter bas et vendre haut donc c'est bien ce qu'il faut faire

Après il y a d'autres stratégies comme acheter des actions à forts dividendes, cela dit il faut choisir ces actions individuellement ce qui demande un travail de recherche important et au final si ces actions génèrent des dividendes, elles ont tendance à moins prendre de valeur que les actions qui distribuent moins de dividendes donc pas sûr que ce choix soit gagnant au final.

Donc au final cette stratégie « d'investissement passif » comme on l'appelle est celle qui donne à la fois de bons résultats pour un temps passé minimal (littéralement quelques heures par an).

J'espère de tout coeur que ce chapitre vous évitera de perdre votre chemise en bourse et vous permettra de faire fructifier votre argent.

3. Comment investir dans votre business

Après notre premier investissement immobilier au Portugal je me suis fait la réflexion suivante:

on a un savoir-faire pour gagner de l'argent dans l'immobilier, mais quelle est ma valeur ajoutée par rapport à un autre expat ou à un local ?

Eux aussi peuvent investir dans l'immobilier ici. Au final ma valeur ajoutée par rapport à eux n'est pas énorme.

Par contre j'ai beaucoup de plus de valeur ajoutée dans mon business car ça fait des années que je fais ça et l'expertise que j'ai développée
dans ce domaine est beaucoup plus rare.

A l'époque je faisais environ 25 000€ par mois de CA en vendant des formations en ligne dans le webmarketing et l'apprentissage de l'anglais.

J'avais peu de frais (une assistante à plein temps) donc je pouvais en tirer environ 15 000€ de bénéfices par mois.

Plutôt que de placer ces 15 000€ par mois dans l'immobilier ou la bourse j'ai décidé de les investir pour développer un logiciel.

En 2012 j'ai lu « The Lean Startup » de Eric Ries et j'ai trouvé géniale cette nouvelle méthode pour lancer un logiciel:

pas besoin de créer un produit parfait, il suffit juste de créer un produit avec le minimum de fonctionnalités pour tester le marché.

Pendant des années j'ai écouté des podcasts sur les startups et ça m'a toujours donné envie de lancer un logiciel.

En 2015 j'ai écouté plusieurs interviews de Nathan Barry, le fondateur de Convertkit.

Son idée n'était pas révolutionnaire, il s'agissait d'un logiciel pour créer sa liste email et envoyer des newsletters.

Mais il a trouvé un angle marketing intéressant (il s'adressait aux blogueurs) et aidé par plusieurs influenceurs son chiffre d'affaires est passé de $5000 par mois à $500 000 dollars par mois en un an et demi.

Il faut savoir qu'un logiciel Saas (software as a service = on paye un abonnement mensuel pour utiliser le logiciel) se vend en général entre deux et quatre ans de chiffre d'affaires.

Donc $500 000 par mois ça fait 6 millions par an ce qui donne donc une valorisation entre 12 et 24 millions de dollars.

Je suivais son parcours et ça me laissait rêveur.

Tout ça m'a décidé à lancer mon propre logiciel à l'été 2015.

J'ai mis quelques mois pour trouver un prestataire capable de m'aider. En novembre 2015 j'ai signé avec une société de développement logiciel au Maroc.

Au bout d'un an ça n'avançait pas donc j'ai arrêté avec eux.

(au final ils m'ont fait perdre un an et 30 000€)

Quelques mois plus tard j'ai trouvé un développeur freelance en qui je pouvais avoir confiance et début 2017 on a commencé à construire le logiciel dont je rêvais depuis des années pour vendre sur Internet.

Petit à petit on a migré mes 2 business de formations dessus et on a fait un lancement début 2018.

Le chiffre d'affaires augmentait de 10% par mois et un an après le lancement on a atteint €50 000 de chiffre d'affaires par mois.

Une belle réussite même si le plus gros reste à faire puisqu'on vise au moins 5 millions de chiffre d'affaires annuel.

Au final j'ai investi environ €200 000 de ma poche dans ce projet.

Alors quelle est la rentabilité de cet investissement ?

€50 000 par mois de chiffre d'affaires ça fait donc €600 000 par an.

Imaginons que ce logiciel soit valorisé 2 ans de chiffre d'affaires ça fait donc une valorisation de €1 200 000.

(en pratique je ne serais pas intéressé pour vendre à ce tarif car j'adore ce projet et je pense qu'il va aller beaucoup plus loin mais admettons)

Quelle serait alors la rentabilité de cet investissement de €200 000 ?

Cet investissement a été réalisé sur 2 ans donc ça ferait **240% de rentabilité** par an.

(€200 000 x 2,4 x 2,4 = €1 152 000)

Comparez cette rentabilité avec ce qu'on a pu faire dans l'immobilier (sur 3 ans la rentabilité de notre investissement à Lisbonne en prenant en compte la valorisation du bien était de presque 40% par an).

Comparez ensuite avec les rendements que vous pouvez obtenir dans la bourse (8% sur le long terme).

Ou encore avec le Livret A (0,75% actuellement !!!)

A travers cet exemple je voulais illustrer comment on peut faire fructifier son patrimoine quand on est chef d'entreprise.

Encore une fois pensez à la valorisation de votre entreprise sur le long terme.

Il n'y a pas que le logiciel.

Vous pouvez également investir:

- dans votre équipe (aujourd'hui j'ai 9 personnes dans mon équipe)

- dans la publicité en ligne pour faire plus de ventes

- dans les services d'un consultant en marketing qui peut vous aider à exploser vos ventes

Maintenant qu'on a vu les différents leviers pour investir on va voir comment rester en forme…

Bonus: Comment devenir mince

Bonus: Comment devenir mince

Pourquoi parler de devenir mince dans un livre qui parle d'indépendance financière ?

Parce qu'être riche c'est bien, être riche et mince c'est encore mieux ;-)

Etre mince ça vous permet:

- d'être mieux dans votre peau, d'avoir plus confiance en vous

- d'être en meilleure santé

- de projeter une meilleure image de vous

Sans oublier qu'il y a beaucoup de parallèles entre l'argent et la forme:

- pour augmenter votre patrimoine vous devez gagner plus que vous dépensez, en nutrition c'est exactement l'inverse (il faut dépenser plus de calories que vous en consommez)

- comme en business au début c'est difficile et plus on en fait et plus ça devient facile et plus on s'investit et plus on a envie de s'investir

Pour vous expliquer mon parcours:

Je n'ai jamais été gros mais j'ai toujours eu tendance à prendre de l'embonpoint facilement

(les fameuses « poignées d'amour » disgracieuses…)

En fait j'étais tout simplement ce qu'on appelle un « skinny fat » en anglais: habillé vous avez l'air mince mais en maillot de bain vous avez un petit bide ou des poignées d'amour et c'est pas terrible.

Quelques années après avoir lancé mon business en ligne j'ai vécu une période stressante et j'ai pris environ 5 kilos.

Du coup je me suis remis au sport, je me suis intéressé à la nutrition et je voudrais partager les résultats avec vous.

Aujourd'hui j'ai retrouvé la forme que j'avais à la vingtaine, et pour tout dire je n'ai jamais été aussi mince et musclé qu'aujourd'hui.

Donc si la perspective d'être plus mince et en meilleure santé vous intéresse ça tombe bien car dans ce chapitre j'aimerais partager avec vous ce que j'ai appris ces dernières années.

Mais avant j'aimerais commencer par un avertissement important: nous sommes tous différents et votre santé est importante donc dans le doute demandez confirmation à un médecin.

(ce n'est pas un avertissement pour me défausser au niveau légal, c'est parce que votre santé est importante et que dans le doute vous deviez demander à un médecin !)

Vous avez du l'entendre, depuis des décennies le surpoids et l'obésité touchent de plus en plus de personnes.

Ce n'est pas surprenant car d'une part l'activité des gens a changé: les travaux sédentaires (assis à un bureau) ont remplacé les travaux plus physiques,
mais surtout notre alimentation a changé et pas toujours en bien: plus d'aliments industriels, plus de sucres dans nos assiettes.

Un régime est apparu il y a quelques années et a rencontré un grand succès c'est le régime Paléo: l'idée c'est de manger comme le faisaient les chasseurs-cueilleurs,
c'est à dire les êtres humains avant l'apparition de l'agriculture planifiée.

Donc vous pouvez manger de la viande, du poisson, des fruits et des légumes à volonté.

Il suffit de supprimer de votre alimentation les glucides (pain, riz, pates, sucre ,etc) et les produits laitiers.

Je l'ai testé et c'est un excellent moyen de perdre de la graisse si vous avez quelques kilos en trop.

Si vous avez un excédent de poids non négligeable vous allez obtenir de bons résultats avec cette méthode très simple.

Mais si vous voulez avoir un corps comme dans les magazines il va falloir aller encore plus loin.

Pendant des années j'étais allergique à tout ce qui est nutrition et macro nutriments.

Puis j'ai lu « Nutrition de la force » de Julien Venesson et j'ai trouvé ça fascinant car tout s'explique de manière logique.

Pour résumer: votre organisme a besoin d'un certain nombre de calories quotidiennement.

Si vous êtes en excédent calorique (vous consommez plus de calories que vous en dépensez) vous allez stocker de la graisse.

Si vous êtes en déficit calorique (vous dépensez plus de calories que vous en consommez) vous allez perdre de la graisse.

Plutôt simple non ?

Ca vaut le coup de s'y intéresser en détail car on se rend compte à quel point il est plus facile de consommer des calories
que d'en brûler avec le sport.

Je vous donne un exemple: pour dépenser un pain au chocolat de 450 calories il faut marcher pendant 1h30 !

La conclusion c'est que pour être mince il est beaucoup plus facile de faire attention à son alimentation que de manger tout ce qu'on veut
et ensuite de le dépenser en faisant du sport.

Cela dit si vous perdez du poids mais que vous n'avez pas de muscle le résultat n'est pas très beau à voir.

La solution: faire du sport pour avoir une belle silhouette et faire attention à votre alimentation pour perdre votre graisse.

Maintenant que vous avez compris que pour avoir une belle silhouette il faut être en déficit calorique et faire du sport,
il faut parler de quelque chose d'important: les macro-nutriments.

Les macro-nutriments vous en avez déjà entendu parler, ce sont les composants de la nourriture.

Il y en a 3: protéines, lipides et glucides.

Les protéines permettent de construire le muscle. Les lipides (le gras) sont indispensables au bon fonctionnement du système nerveux,

Et les glucides c'est juste de l'énergie et ce n'est pas indispensable au fonctionnement de notre organisme
(je précise bien que les protéines et les lipides sont aussi de l'énergie, mais ils ont aussi des fonctions plus importantes).

1g de protéine apporte 4 calories, 1g de glucides apporte 4 calories également, et 1g de lipides apporte 9 calories.

C'est certainement la raison pour laquelle on entend souvent que « le gras ça fait grossir ».

Effectivement les lipides sont deux fois plus caloriques que les protéines et les glucides.

Mais ils jouent un rôle important dans notre organisme.

C'est la raison pour laquelle les culturistes consomment plus de gras que la moyenne de la population, et surtout du bon gras: avocats, saumon (attention aux métaux lourds, éviter de consommer du saumon plus d'une fois par semaine pour cette raison), noix, amandes.

Pour construire du muscle et perdre sa graisse il est recommandé de consommer 1g à 2g de protéines par kilo de poids de corps et par jour

(exemple: je pèse 70 kilos, je consomme 70 à 140g de protéines par jour)

Personnellement, comme beaucoup de personnes qui font de la musculation j'essaye d'être au-dessus de ça (je suis entre 2 et 2,3g de protéine par jour et par kilo de poids de corps).

Pour un bon fonctionnement du système nerveux et hormonal on conseille de consommer au moins 1g de lipides par kilo de poids de corps et par jour

(là encore je suis au dessus, je suis entre 1 et 1,5g de lipides consommés par jour par kilo de poids de corps)

Et les glucides viennent uniquement pour faire la différence entre ce que vous avez consommé en protéines et lipides, et le total calorique que vous voulez atteindre.

Les gens ne veulent pas compter leurs calories et leurs macro-nutriments.

Pendant des années la simple idée de compter mes calories me paraissait juste impossible.

Et puis j'en ai eu marre de ne pas faire de progrès et un jour j'ai

acheté une petite balance alimentaire (on en trouve à 15€ donc aucune excuse)
et j'ai commencé à peser mes aliments pour compter mes calories et mes macro-nutriments.

Pour ça j'utilise Myfitnesspal (une application sur mobile) et c'est vraiment facile ça prend très peu de temps.

Même si vous ne voulez pas le faire car c'est trop contraignant (je vous comprends parfaitement, encore une fois j'étais comme vous) je vous conseille de le faire une semaine, juste pour voir.

Vous allez comprendre ce qu'il y a dans les aliments.

Par exemple avant je ne savais pas que les avocats c'est surtout du gras (du bon gras !).

Je ne savais pas qu'il y a beaucoup de protéines dans le parmesan (j'adore ça j'en mange tous les jours).

Le fait de savoir ce qu'il y a dans les aliments ça vous permet de faire vos menus tous seuls.

Quand j'ai commencé la musculation j'ai suivi une méthode avec des repas-type à prendre mais au bout de deux semaines j'ai laissé tomber
car je n'avais pas les aliments qu'il fallait dans mon frigo.

Quand vous savez ce qu'il y a dans les aliments vous vous adaptez:

- il me reste beaucoup de calories à consommer aujourd'hui ? je vais ajouter un avocat dans la salade ou manger un morceau de fromage en plus

- c'est dimanche et on s'est fait plaisir en famille toute la journée ? Pour le repas du soir je vais prendre un bout de blanc de poulet (protéines)
et un petit dessert yaourt

Surtout, en comptant vos calories et vos macro-nutriments vous allez prendre conscience à quel point nous consommons beaucoup trop de glucides.

Ne pas savoir ce que contient les aliments que vous mangez quand vous voulez maigrir, c'est comme si vous vouliez économiser de l'argent
mais que vous ne connaissiez pas le prix des produits que vous achetez.

Plutôt compliqué non ?

En plus, le fait de compter précisément ses calories et ses macro-nutriments ça permet de se faire plaisir tout en sachant qu'on peut se le permettre:
de temps en temps je mange une viennoiserie dans la journée (j'évite les glucides le soir).

Là certaines personnes se disent « mais j'y arriverai jamais, j'aime trop mettre du sucre dans mon café/manger mon pain au chocolat le matin/des fraises tagada le soir devant la tété ».

Mais j'étais comme vous ! Tout le monde est comme ça. C'est normal.

Je vais vous donner une astuce: c'est de tromper votre organisme.

Vous avez tous fait l'expérience de mettre vos mains dans de l'eau glacée et ensuite de les mettre dans de l'eau à température de la pièce: on a l'impression que l'eau est brûlante !

C'est parce que notre système sensoriel fonctionne de manière relative et non absolue.

Pour les aliments c'est pareil: c'est la raison pour laquelle si vous allez à une dégustation de vins on va commencer par vous faire gouter les vins les moins forts en premier (sinon vous ne sentirez plus les vins suivants si vous commenciez par les vins forts en premier).

Pareil pour une dégustation de fromages.

Ca veut dire que si vous avez des frites avec du ketchup dans votre assiette les légumes vont vous paraitre insipides

(et après on se demande pourquoi les enfants aiment pas les légumes…)

Quand vous mangez « clean » (comme le dit Théo de la chaine Youtube Fitnessmith qui m'a conseillé personnellement), c'est à dire que vous mangez bien (vous évitez les glucides, vous évitez les aliments processés, vous mangez beaucoup de légumes) vous vous régalez.

Je me régale tous les jours en mangeant de la viande, des légumes, des fruits, du poisson, du fromage.

Tous les soirs je mange le même dessert: du yaourt grec avec des amandes grillées et un peu de sirop d'agave (moins riche en calories que le sucre normal).

Je prends autant mon pied que si je mangeais un gateau au chocolat !

Et puis changer ses habitudes ça ne se fait pas du jour au lendemain donc soyez persistant mais soyez indulgent avec vous-même.

Ca nous arrive à tous de faire des erreurs. L'important c'est de ne pas abandonner et de s'améliorer même si ça prend du temps.

Pour ce qui est du sport ne croyez pas que vous allez avoir le corps de vos rêves en allant à la salle une ou deux fois par semaine.

(c'est ce que je pensais aussi…)

Rassurez-vous, pas besoin de vous transformer du jour au lendemain en sportif accompli.

Ce que je vous recommande c'est de pratiquer une activité sportive régulièrement, et d'augmenter votre activité au fil du temps.

La musculation est pratique car on peut aller à la salle quand on veut et on peut travailler la partie du corps que l'on souhaite

(pratique si on a une blessure)

Par exemple j'ai des genoux fragiles et je ne peux pas courir ou sauter beaucoup sinon c'est douleurs assurées derrière.

Du coup je marche beaucoup (au moins 7 kilomètres par jour) et à la salle je fais du vélo elliptique (beaucoup plus doux pour les genoux).

Au départ j'allais à la salle deux fois par semaine.

Mon objectif était d'y aller 3 fois par semaine mais je me sentais trop fatigué en y allant deux fois.

J'ai mis deux ans pour passer de 2 à 3 entrainements par semaine.

Je me suis rendu compte que c'était pas si difficile que ça et deux mois plus tard je suis passé de 3 à 5 entrainements par semaine.

Et peu après je suis passé à 6 entrainements par semaine.

J'aurais jamais imaginé aller un jour à la salle 6 fois par semaine donc il faut que je vous explique la raison.

Je fais toujours 3 entrainements de musculation (lundi, mercredi et vendredi) où je travaille des muscles différents

(poitrine, jambes et dos)

Les mardi, jeudi et samedi je vais juste à la salle pour faire 20 minutes de vélo elliptique en variant l'intensité (je fais 5 minutes à un rythme normal, puis 1 minutes à fond, et ainsi de suite).

(ca fait 4h de sport par semaine pas si énorme au final)

Ces petites séances me permettent juste d'améliorer un peu plus ma condition physique et de bruler des calories.

J'ai eu le déclic un jour en me rendant compte que j'avais entendu plusieurs fois des influenceurs sur Youtube expliquer qu'ils faisaient des séances quotidiennes
de vélo ou de marche pour bruler plus de calories et rester mince.

Ce que je peux vous dire sur mon expérience:

- c'est clairement dur parfois à cause de la fatigue due au sport ou au déficit calorique. Quand c'est comme ça il faut encaisser et manger un peu plus ou se reposer.

- au final c'est devenu une passion: j'en tire énormément de plaisir, que ce soit dans les entrainements (le plaisir de se dépasser), le bien-être après l'entrainement ou alors cette sensation d'accomplissement en ayant atteint des objectifs qu'on croyait impossibles.

Encore une fois le parallèle avec la création d'entreprise est flagrant: c'est dur mais ça en vaut largement la peine.

Donc je vous encourage fortement à vous lancer.

Ne visez pas trop haut. Essayez juste de vous dépasser toujours un peu plus et de ne jamais abandonner.

Vous serez surpris de par ce que vous pouvez arriver à accomplir.

Conclusion: Comment devenir heureux

Pourquoi parler de bonheur dans un livre consacré à l'indépendance financière ?

Parce qu'au final c'est ce qu'on veut tous.

C'est le paradoxe du développement personnel: on en veut plus, mais si on en veut toujours plus quelque part on n'est jamais heureux.

Une étude a démontré qu'au-delà de 5000 euros de revenus par mois le niveau de bonheur n'augmente plus.

Quand on n'a pas d'agent on a l'impression que le jour ou on aura de l'argent tous nos problèmes disparaitront.

Je peux vous dire un truc c'est que quand vous avez de l'argent vous avez aussi des problèmes, c'est juste que ce sont d'autres problèmes.

Déja, plus d'argent veut dire plus de responsabilités: des biens à gérer, une entreprise, des clients, des gens qui travaillent pour vous.

Ensuite si vous avez de l'argent mais que vous travaillez 90h par semaine est-ce que c'est génial ?

Ou alors si vous avez de l'argent mais que vous êtes ultra stressé et que vous avez 20 kilos en trop est-ce que c'est le top ?

C'est facile de tomber dans l'excès et de négliger certaines parties de sa vie.

Personnellement j'adore l'argent et la liberté qu'il procure mais je suis conscient qu'il y a d'autres manières d'être riche:

- Ne pas être stressé: c'est pour ça que j'ai changé les business modèles de mes business pour passer sur des modèles récurrents, beaucoup plus stables en termes de revenus et moins stressants

- Avoir du temps: mon business me permet de passer beaucoup de temps avec ma famille

- Etre en forme: le fait d'avoir du temps pour faire du sport et de ne pas être stressé me permet d'être mince et en bonne santé

Je pense qu'on peut me qualifier de « riche » et pourtant je vais vous dire une chose importante

les choses qui me rendent heureux ne coutent rien (ou pas grand-chose):

- passer des bons moments avec ma femme et ma fille (quand ta fille de 2 ans te serre dans ses bras tu fonds…)

- faire une bonne séance de sport

- cuisiner en écoutant de la musique ou des vidéos

- lire un bon livre

- passer de bons moments avec des vieux amis

- écouter de la musique en me baladant dans Lisbonne

Vous voyez ce sont des plaisirs simples. Pas besoin de voiture de sport ou de Rolex.

Je vous conseille de faire un exercice simple: prenez une feuille de papier ou pouvez un document texte sur votre ordinateur et notez toutes ce pourquoi vous êtes reconnaissant.

Absolument tout.

Ca peut être reconnaissant d'être en vie. Ou de pouvoir écouter de la musique sur votre téléphone. Ou d'avoir des parents encore en vie.

Vous risquez de découvrir que vous êtes déja riche.

Bien sûr on en veut toujours plus. C'est le propre de l'être humain de chercher à se dépasser et à aller toujours plus loin.

Mais je conditionnez pas votre réussite à l'atteinte de vos objectifs.

Trouvez des moyens d'être heureux dès aujourd'hui.

Et prenez la vie comme un jeu.

N'oubliez jamais: si vous avez déja gagné, alors vous ne pouvez pas perdre.

J'espère que ce livre vous a motivé et vous aidera à avoir la vie dont vous rêvez.

Pour plus de conseils suivez-moi sur Instagram: @aurelienamacker

Aurélien

Biblio

Première partie:

Comment se faire des amis de Dale Carnegie
Influence et manipulation de Robert Cialdini
Les 48 lois du pouvoir de Robert Greene

English grammar in use de Raymond Murphy

Deuxième partie:

Spin Selling de Neil Rackham

The four pillars of investing de William Bernstein.

A random walk down Wall Street de Burton Malkiel

The Lean Startup de Eric Ries

Bonus: comment devenir mince:

Nutrition de la force de Julien Venesson

Printed by Books on Demand GmbH, Norderstedt / Germany